Cómo Crear Un Blog Gratis En Google Blogger

Creado por:
Ángel Candelaria
http://angelcandelaria.com

Tabla de Contenido

Introducción

¡Bienvenido(a) a *Cómo Crear un Blog Gratis en Google Blogger*! Muchas gracias por adquirir esta guía.

Hace varios años atrás, el crear y mantener un blog o página web requería bastante conocimiento técnico y una inversión de dinero. Todavía recuerdo esa época en la cual creaba páginas web utilizando código HTML, CSS y Javascript. Pero eso quedó en el pasado. Las herramientas tecnológicas disponibles en la actualidad permiten que cualquier persona con conocimientos básicos del manejo de la computadora y el Internet pueda crear su propio blog y tener presencia en línea. Y lo mejor de todo es que se puede hacer todo esto con cero inversión de dinero.

Blogger es una excelente herramienta para crear un blog. Si eres nuevo en esto, es probable que lo percibas como algo difícil de hacer. Pero a medida que vas avanzado a través de esta guía verás que, una vez te familiarizas con el interfaz, en realidad es muy sencillo e intuitivo.

Esta guía está estructurada de forma secuencial, como si fuera un taller práctico. A través de ella te iré explicando, paso por paso, como crear un blog utilizando la plataforma de Blogger. Mientras te explico, iré creando un blog junto contigo y compartiendo imágenes de pantalla para que puedas tener una idea mas clara de cómo ejecutar el procedimiento explicado en cada sección.

Si tienes alguna pregunta o consulta, me puedes contactar a través de mi página en http://angelcandelaria.com. Allí también encontrarás enlaces a los perfiles sociales en los cuales me puedes encontrar.

Nuevamente, muchas gracias por adquirir esta guía. Espero que te sea de utilidad. ¡Éxito con tu blog!

Ángel Candelaria

P.D. La guía *Cómo Crear un Blog Gratis en Google Blogger* también está disponible como un curso en vídeo a través de Udemy. Si interesas obtener el curso, visita el siguiente enlace para un descuento especial:

http://sigue.info/cursoblogger

50 Herramientas Gratuitas

La guía *50 Herramientas Gratuitas para Autores de Contenido* es una recopilación de diversos programas y recursos gratuitos que he encontrado en la red y me han resultado útiles al realizar mis tareas como creador de contenido para blogs, libros y cursos en línea. Su contenido incluye recursos en las siguientes categorías:

- Programas de Productividad
- Antivirus
- Gráficas y Vídeo
- Música y Audio
- Capturar Vídeos de Pantalla
- Plataformas para Bloggers
- Almacenamiento en la Nube
- Archivos de Notas Personales
- Administradores de Perfiles Sociales
- Boletines de Correo
- Repositorios de Imágenes Gratuitas
- Plataformas de Publicación
- Otras Herramientas

Puedes obtener esta guía *completamente gratis* al suscribirte a mi boletín de correo electrónico. Visita mi página web para suscribirte:

http://angelcandelaria.com

RELEVO Y TÉRMINOS DE USO

El autor de este libro ha hecho su mejor esfuerzo por presentar la información de la manera mas precisa y completa posible. Sin embargo, no garantiza que el contenido de este libro sea preciso y actualizado en todo momento debido a la rapidez con la cual la tecnología cambia constantemente.

La información contenida en este libro es estrictamente para uso educativo. El lector asume toda la responsabilidad de sus acciones al aplicar las ideas presentadas en este medio. El autor no será responsable por cualquier pérdida o daño, directo o indirecto, que resulte del uso y/o aplicación de la información presentada en este libro, la cual se provee sin ningún tipo de garantía.

El propósito de este libro no es servir como una fuente de asesoramiento legal, comercial o financiero. Se recomienda al lector buscar los servicios de profesionales competentes y debidamente certificados para obtener asesoramiento adecuado en las áreas mencionadas previamente.

El autor no garantiza el funcionamiento, desempeño o exactitud de los lugares enlazados y/o mencionados en este libro. Todos los enlaces o lugares mencionados son para propósitos informativos solamente, y no están garantizados en cuanto a su contenido o uso implicado.

Creando tu Blog por Primera Vez

Blogger es parte de la red de servicios que ofrece Google, así que necesitas tener una cuenta con ellos para poder crear tu blog. Si tienes cuenta en Gmail, YouTube, Picasa o algún otro servicio de Google, puedes utilizar esa misma cuenta para acceder a Blogger. Si no, entonces necesitarás crear una nueva cuenta.

En primer lugar, entra a la página de Blogger aquí:

https://www.blogger.com

Al visitar ese enlace, verás un formulario donde podrás entrar los datos de tu cuenta en Google:

Si ya tienes una cuenta, simplemente entra los datos en los espacios correspondientes. Si no, utiliza el enlace que dice "Crear una cuenta" (justo debajo del formulario) y sigue los pasos que te indica el sistema para configurar tu nueva cuenta en Google.

Una vez creas la cuenta y/o ingresas tus datos, verás la pantalla inicial de Blogger:

Para comenzar a crear un blog, simplemente pulsa sobre el botón que dice "Crear blog". Verás una pantalla nueva donde te pregunta algunos datos esenciales de tu nuevo blog.

En "Título", escribe el nombre que llevará tu blog. Usualmente este título aparece en la parte de arriba, en la cabecera del blog.

En dirección, debes escoger el URL por el cual otros entrarán a tu blog. Todas las direcciones en Blogger terminan en "blogspot.com" por defecto, así que la parte que escogerás será el principio.

Lamentablemente, Blogger cuenta con muchos usuarios, y es posible que haya muchas direcciones que ya estén tomadas. Si la dirección no está disponible, el sistema te lo hará saber mediante un mensaje de error como este:

Es posible que pases un rato buscando una dirección disponible. Ten paciencia. Trata de pensar en algo único y original. En mi caso terminé escogiendo la siguiente dirección:

http://angelcandelaria.blogspot.com

Una vez tengas el nombre para tu blog, ahora debes escoger una plantilla inicial. El nombre "plantilla" se refiere a la apariencia estética de tu blog: colores, letras, etc. Mi recomendación personal es que escojas la plantilla llamada "Sencillo" ("Simple" en inglés), ya que—como dice su nombre—es muy sencilla para manejar y facilita el aprendizaje del funcionamiento de Blogger. Una de las ventajas de Blogger es que te permite cambiar la plantilla en cualquier momento, así que mas adelante puedes cambiarla por otra que te guste mas, una vez tengas mas experiencia en el sistema.

Al terminar, pulsa el botón "Crear blog". Seras llevado de vuelta a la pantalla anterior, donde verás tu blog creado:

Pulsa sobre sobre el nombre de tu blog para entrar al panel de configuración. Una vez entres, verás lo siguiente:

En la columna izquierda verás una lista de opciones, desde las cuales puedes manejar la configuración de tu blog. A continuación te ofrezco una descripción general de lo que hace cada una; mas adelante veremos algunas de las secciones en mas detalle:

- Visión General: Es la pantalla que ves cuando pulsas sobre le nombre del blog. Aquí se presenta un resumen de visitas, entradas publicadas, comentarios hechos en las entradas, entradas por moderar, seguidores de tu blog y otros datos adicionales.

- Entradas: Aquí verás las entradas publicadas en tu blog y las herramientas para crear nuevas entradas.

- Páginas: Aquí verás las páginas publicadas en tu blog y las herramientas para crearlas. Nota: Una página **_no_** es lo mismo que una entrada. Mas adelante te explicaré la diferencia.

- Comentarios: Cada entrada o página tiene un espacio para que los visitantes comenten sobre esa entrada o publicación. En esta sección puedes ver los comentarios de los visitantes y moderar los mismos, asumiendo que tienes activado el sistema de comentarios integrado de Blogger. Sin embargo, mas adelante te explicaré como sustituir el sistema de comentarios de Blogger por el de Google+, lo cual es muy recomendable para aumentar la exposición de tu blog.

- Google+: En esta sección encontrarás las opciones para vincular tu blog a tu cuenta en Google Plus.

- Estadísticas: Aquí encontrarás mas detalles sobre las visitas del blog, como la cantidad de visitas por día y la localización geográfica de los visitantes.

- Ingresos: Blogger te da la opción de activar una cuenta AdSense y colocar anuncios de Google en tu blog, lo cual generará ingresos cada vez que alguien pulse sobre un anuncio. Si tienes una cuenta AdSense activa y vinculada al blog, en esta sección podrás ver en informe de ingresos obtenidos.

- Campañas: Herramienta para contratar los servicios promocionales de AdWords, un servicio de anuncios de Google.

- Diseño: Aquí encontrarás la opciones para configurar la ubicación de diversos elementos que se muestran en tu blog.

- Plantilla: Esta sección te permite cambiar la plantilla de tu blog o realizar modificación a la plantilla actual.

- Configuración: Otras opciones generales de tu blog, como el nombre, descripción, moderadores del blog, permisos de lectura/escritura/comentarios, idioma del blog, formato de fecha/hora y otras mas.

Ahora que tienes una idea general de las opciones que ofrece Blogger, vamos a echar un vistazo a nuestro blog. En la parte superior encontrarás un botón que dice "Ver blog". Pulsa ese botón para abrir una nueva ventana, donde verás tu blog. El mío se ve así:

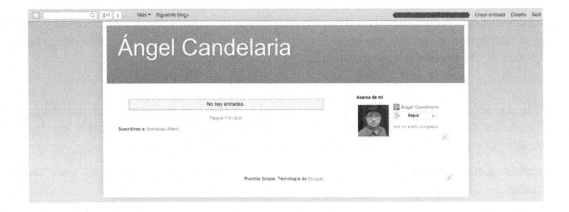

Como puedes ver, es bastante básico, poco atractivo y aún no hay contenido. Pero mas adelante te explicaré como puedes personalizar y mejorar la apariencia del blog.

Configuración Básica del Blog

Regresa a la ventana o pestaña donde está el panel de configuración de tu blog. En la columna izquierda, pulsa sobre "Configuración":

Verás una pantalla similar a esta:

En primer lugar verás el título, el cual configuramos previamente al crear nuestro blog. Si en algún momento quieres modificarlo, puedes hacerlo en esta sección.

En la descripción debes escribir brevemente de qué trata el blog. En la plantilla "Sencillo", esta descripción aparece justo debajo del título del blog. Pulsa donde dice "editar" para cambiar la descripción. Luego escribe la misma en el espacio provisto. Al terminar, pulsa "Guardar cambios".

Las opciones de privacidad nos permiten configurar la visibilidad de nuestro blog en el Internet. A menos que quieras mantener tu blog privado o reservados para lectores específicos, debes marcar "sí" en ambas opciones presentadas. Luego pulsa sobre "Guardar cambios".

La dirección del blog ya la escogimos al crear el mismo. No obstante, si en algún momento deseas cambiarla, puedes hacerlo en esta sección. Bajo condiciones normales no es recomendable cambiar la dirección de un blog, especialmente si lleva tiempo en línea y ya tienes un grupo de lectores.

La opción "Configurar una URL de terceros para mi blog" te permite utilizar una dirección o dominio que hayas adquirido. De esta manera, puedes sustituir la dirección que ofrece Blogger (que siempre termina en blogspot.com) por otra dirección personalizada. Por ejemplo, en mi caso yo podría utilizar la dirección angelcandelaria.com en vez de angelcandelaria.blogspot.com para acceder a mi blog. Para iniciar, puedes utilizar la que provee Blogger gratuitamente, y luego adquirir una dirección o dominio personalizado mas adelante.

En la sección de autores del blog inicialmente veras tu nombre y dirección de correo electrónico. Aquí tienes la opción de añadir a otras personas que desees que colaboren contigo en el blog. Las personas que añadas podrán publicar contenido en el blog al igual que tu, pero no tendrán acceso a las herramientas de configuración y personalización Para añadirlas, pulsa donde dice "Agregar autores" y, en el espacio proviso, escribe la dirección de correo electrónico de la persona que deseas invitar. Luego pulsa sobre "Invitar autores" para enviar la invitación.

Por último, la sección "Lectores del blog" te permite determinar quienes tienen acceso al blog. Las opciones son las siguientes:

- Público - Esta es la opción por defecto. Cualquier visitante podrá ver el contenido de tu blog.

- Privado: solo los autores del blog – Si escoges esta opción, solo las personas que acepten la invitación para ser autores en el blog podrán ver el contenido del mismo. Esto puede ser útil, por ejemplo, si estás creando un blog en colaboración con otros, y no quieres que el público lo vea hasta que este listo.

- Privado: solo estos lectores – Esta opción te permite mantener el blog privado. Solo los lectores que tu invites podrán ver el contenido del blog. Para invitar lectores, pulsa sobre "Agregar lectores". En el espacio proviso, escribe las direcciones de los lectores que desees invitar, Luego pulsa "Guardar cambios" para enviar las invitaciones a los lectores.

Ahora que ya tenemos hecha la configuración básica de nuestro blog, estamos listos para crear contenido. En el próximo capítulo te explicaré como crear entradas en el blog.

Cómo Crear Entradas en el Blog

Las entradas son el foco central de nuestro blog. Ellas contienen la información de mayor importancia que queremos transmitir a nuestro público visitante.

La ubicación de las entradas depende del diseño que tenga la plantilla que estamos utilizando. Por lo general—y como es el caso de la plantilla "Sencillo" que estamos utilizando—las entradas se publican en la parte central de nuestro blog, justo debajo del título del mismo:

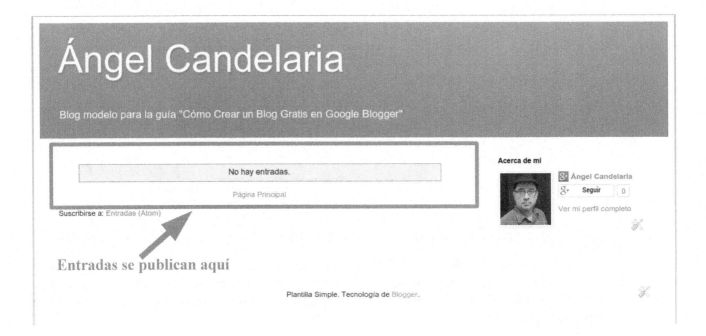

En este momento no tenemos entradas publicadas en nuestro blog, así que lo único que vemos en el centro es el mensaje "No hay entradas". ¿Estás listo(a) para publicar tu primera entrada?

Creando una Nueva Entrada

En el panel de configuración, pulsa sobre el botón "Crear Entrada":

Verás una pantalla similar a esta:

A continuación te explico la función que hace cada opción. Cada una está identificada con un número en la imagen:

1. Entrada: Aquí escribes el título de la información a publicar.

2. Área de Redacción: Aquí es donde puedes escribir la información. Blogger provee una serie de herramientas para manejar el texto similares a otros procesadores de palabra como Word, LibreOffice, OpenOffice, etc. Estas herramientas te permiten ajustar el tipo, estilo, tamaño, alineación y color de la fuente (letra). También hay herramientas para añadir fotos, vídeos y vínculos al contenido.

3. Publicar: Una vez terminas de escribir, pulsa este botón para publicar la entrada en el blog.

4. Guardar: Con este botón puedes guardar la entrada en vez de publicarla. Es útil si aún no has terminado la entrada y deseas guardar lo que has escrito sin que se vea públicamente en el blog.

5. Vista previa: Al pulsar este botón se abrirá una nueva ventana que te permite ver cómo luce la entrada antes de publicarla en el blog.

6. Cerrar: Pulsa aquí para terminar de escribir la entrada y volver a la lista de entradas en el panel de configuración del blog.

7. Etiquetas: Las etiquetas son palabras o frases que puedes utilizar para agrupar diversas entradas. Estas etiquetas se pueden mostrar en el blog, de modo que si alguien pulsa sobre alguna de ellas Blogger le muestra todas las entradas que estén marcadas con esa etiqueta. Por ejemplo, podrías

publicar varias entradas de recetas de cocina y marcarlas con la etiqueta "recetas de cocina". Luego, cuando un visitante pulse sobre la etiqueta, Blogger le mostrara una lista de todas las entradas marcadas como "recetas de cocina". Para utilizar esta función, pulsa sobre "Etiquetas", escribe las etiquetas con las que quieres identificar la entrada (separadas por comas) y pulsa "Finalizado". Puedes escribir mas de una etiqueta en cada entrada.

8. Programar: Normalmente, al pulsar el botón "Publicar" la entrada se publica al instante. Con esta función puedes programar la entrada para que se publique en otro día u hora en el futuro. Para utilizarla, pulsa sobre "Programar", pulsa sobre "Establecer fecha y hora", escoge la fecha y hora deseada para publicación (puedes utilizar el calendario integrado para la fecha) y pulsa "Finalizado".

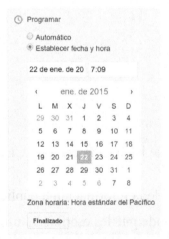

9. Vínculo permanente: El vínculo permanente es la dirección que tendrá la entrada en el blog. Usualmente Blogger le asigna una dirección tomando como referencia el nombre de la entrada y utilizando como base la dirección de tu blog. Por ejemplo, si la entrada en mi blog se llama "Mi Primera Entrada en Blogger", el vínculo permanente se vera así: http://angelcandelaria.blogspot.com/2015/01/mi-primera-entrada-en-blogger.html. Usualmente esto es lo mas recomendable, pero si por alguna razón deseas otra dirección diferente, en esta sección puedes modificarla. Para hacerlo, pulsa sobre "Vínculo permanente", escoge "Vínculos permanentes personalizados" y modifica el vínculo a tu gusto. Luego pulsa sobre "Finalizado" para guardar los cambios.

10. Ubicación: Aquí tienes la opción de añadir a tu entrada una ubicación utilizando el servicio de Google Maps. Para hacerlo, pulsa sobre "Ubicación" y escribe la dirección del lugar deseado en el espacio provisto. Luego pulsa "Buscar". También puedes identificarla manualmente utilizando el mapa provisto. Una vez termines, pulsa "Finalizado" para guardar la ubicación.

11. Opciones: Esta sección te ofrece algunas opciones mas avanzadas. De ellas, la mas importante es la opción de activar o desactivar los comentarios en la entrada. Las otras dos son opciones que tienen que ver con al forma en la cual Blogger crea el código de las entradas. Las opciones marcadas por defecto son las mas adecuadas en la mayoría de los casos, así que te recomiendo que las dejes tal y como están. Una vez termines, pulsa "Finalizado".

12. Redactar/HTML: Este par de botones te permite alternar entre el modo de redacción visual y el modo de HTML. Es útil para ver elcódigo que Blogger genera automáticamente al crear la entrada y/o añadir algún código HTML en la misma. Pero si no conoces sobre HTML, no te preocupes. No es necesario utilizar esta función para crear contenido en el blog. Bajo condiciones normales, el botón "Redactar" debe estar seleccionado.

Ahora que ya conoces de forma general lo que hace cada función, vamos a crear una entrada. Escribe el titulo de la misma en la parte de arriba, y luego escribe la información que deseas publicar en la parte de abajo. En mi caso voy a crear una entrada llamada "Mi Primera Entrada en Blogger":

Una vez termines de redactar tu entrada, pulsa el botón "Publicar". Serás llevado a la lista de entradas del blog, y verás tu entrada en la lista:

Para ver tu entrada en el blog, pulsa el botón "Ver blog", ubicado en la parte superior de la página. Debes poder ver tu entrada publicada en el centro del blog, justo debajo del título. La mía se ve así:

¡Felicidades! Acabas de publicar tu primera entrada en tu blog. ¿Ves que es sencillo?

Ahora que ya sabes lo básico sobre cómo crear una entrada, vamos a explorar algunas opciones adicionales. Empecemos por cómo añadir una foto a una entrada.

Creando una Entrada con Foto

En el panel de configuración del blog, pulsa sobre el botón "Crear entrada". Redacta una nueva entrada y asígnale un título (en mi caso, utilizaré el título "Entrada con una Foto"). En la sección de etiquetas, añade "fotos" y "multimedia". Para referencia tuya, mi nueva entrada luce así:

Ahora, escoge una foto para utilizarla en la entrada. Te recomiendo que sea una foto de tamaño pequeño, como 640 x 480 píxeles, de modo que no tarde mucho en mostrarse en pantalla. Si no tienes fotos disponibles, puedes conseguir una gratuita en http://pixabay.com.

Coloca el cursor al final del texto de la entrada y pulsa la tecla "Enter" para añadir una nueva línea. Ahora pulsa sobre el botón para añadir imágenes, ubicado en la barra de herramientas:

Verás una ventana como la siguiente:

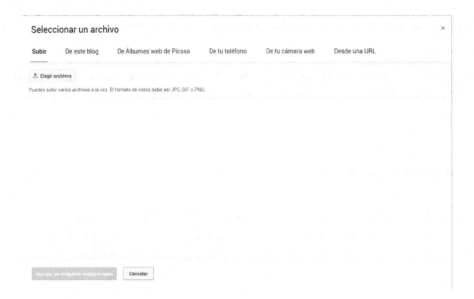

En esa ventana tienes varias opciones para subir una foto, pero la que nos interesa en este momento es la primera (mostrada por defecto) la cual nos permite subir una foto desde nuestra computadora. Pulsa el botón "Elegir archivos" para buscar la foto en tu computadora y subirla a tu blog. Una vez la subas, debes poder verla en pantalla:

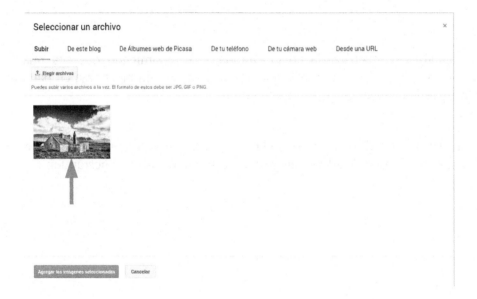

Ahora haz clic sobre la foto y pulsa el botón "Agregar las imágenes seleccionadas", ubicado en la esquina inferior izquierda de la pantalla. Verás la imagen ya insertada en tu blog:

En mi caso, decidí alinear la imagen en el centro. Si deseas cambiar la alineación de la imagen, pulsa sobre la misma. Verás una serie de opciones en una franja debajo de la imagen:

Estas opciones te permiten ajustar algunas propiedades de la imagen. Las propiedades de alineación están en el centro: Izquierda, Centro y Derecha. Solo haz clic sobre la que deseas aplicar.

Una vez termines, pulsa el botón "Publicar" en la parte superior. ¡Listo! Ahora tenemos dos entradas en nuestro blog:

Pulsa el botón "Ver blog" para ver nuestra nueva entrada. La mía luce así:

A medida que vayas publicando mas entradas, las mas recientes se colocarán arriba, y las mas antiguas abajo, similar a como se organizan las entradas en el muro de Facebook. Esto es lo normal en un blog, ya que queremos que las entradas mas recientes estén arriba, de modo que el nuevo contenido llame la atención del visitante.

Utilizando Saltos de Línea

Fíjate que en la página principal del blog se muestra el contenido completo de ambas entradas. Probablemente esto esté bien si tienes pocas entradas, y si son entradas con poco texto. Pero si son entradas largas, y/o tienes muchas entradas, será un poco inconveniente para el visitante de tu blog, ya que la página principal quedará muy larga. Esto sin mencionar que tu blog se pondrá mas lento y pesado, pues tendrá mas contenido para cargar en pantalla. Para evitar esta situación, lo que haremos es indicar a Blogger que solo muestre la primera parte de la entrada en la página principal. De esa manera el visitante puede ver un fragmento de la entrada y, si interesa leerla, puede pulsar sobre el título de la misma o un enlace debajo del fragmento que dice "Mas información" para ver el contenido completo.

Vamos a modificar la entrada con foto para que solo se muestre la primera parte en la página de entrada y la foto quede oculta. En el panel de configuración, pulsa sobre "Entradas". Luego pulsa sobre el nombre de la entrada con foto. Ahora coloca el cursor donde termina el texto, pero antes de la foto:

Pulsa la tecla "Enter" para añadir una nueva línea en ese punto. Ahora, en la barra de herramientas de Blogger pulsa el botón de salto de línea (ubicado entre el botón de vídeo y el de opciones de alineación), el cual luce como una pequeña hoja de papel rasgada:

Al pulsarlo, se creará una línea horizontal como esta, la cual nos indica el punto en el cual el contenido queda oculto en la página principal:

Una vez termines, pulsa el botón "Actualizar" en la parte superior. Ahora pulsa sobre "Ver blog". Verás que la foto queda oculta en la página de entrada, pero al pulsar sobre el título de la entrada o el enlace debajo del fragmento que dice "Mas información" verás el contenido completo, incluyendo la foto:

¡Listo! Ya sabes como ocultar el resto del contenido de las entradas en la página principal del blog. Créeme que tus visitantes te lo agradecerán, especialmente si tienes muchas entradas en el blog.

Creando una Entrada con Vídeo

Ahora vamos a ver como crear una entrada con vídeo. El procedimiento es similar a cómo añadir una foto. Primero, vuelve al panel de configuración del Blogger y pulsa sobre "Crear Entrada". Ahora redacta una entrada con su título. La mía luce así:

En la sección de etiquetas, añade "vídeos" "multimedia". Fíjate que en la parte de abajo ya aparecen las etiquetas que utilizamos previamente. La etiqueta "vídeos" es nueva, así que tendrás que escribirla. Pero la etiqueta "multimedia" ya la habíamos utilizado en al entrada anterior, así que puedes añadirla haciendo clic sobre ella:

Una vez termines con las etiquetas, pulsa "Finalizado". Al final del texto de la entrada, añade una nueva línea y pulsa sobre el botón de salto de línea, de modo que el vídeo que vamos a añadir quede oculto en la página principal:

Añade una nueva línea adicional después del salto que acabamos de añadir, de modo que haya suficiente espacio y nos aseguremos que el vídeo quede después del salto de línea. Ahora pulsa sobre el botón de añadir vídeo, el cual está justo al lado del botón de añadir imágenes:

Al pulsar sobre ese botón veras la siguiente pantalla:

Esta pantalla nos brinda varias opciones para subir un vídeo. Si tienes un vídeo en tu computadora, puedes utilizar la primera opción, identificada como "Subir" y añadirlo de forma similar a como subiste una foto desde tu computadora. Sin embargo, en este caso vamos a utilizar la opción de añadir un vídeo publicado en YouTube. Pulsa donde dice "de YouTube" (la segunda opción). Aparecerá un formulario de búsqueda como este:

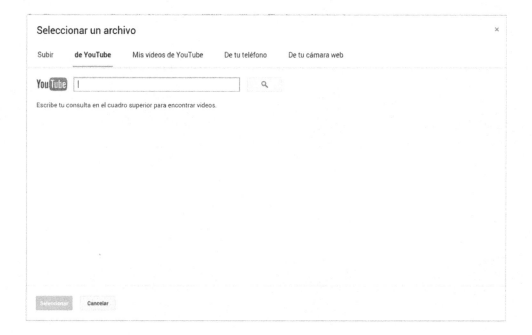

Utiliza el formulario para buscar un vídeo. Escoge el que quieras. En mi caso, hice una búsqueda de un tema que me gusta mucho del guitarrista de Jazz Pat Metheny, "Bright Size Life":

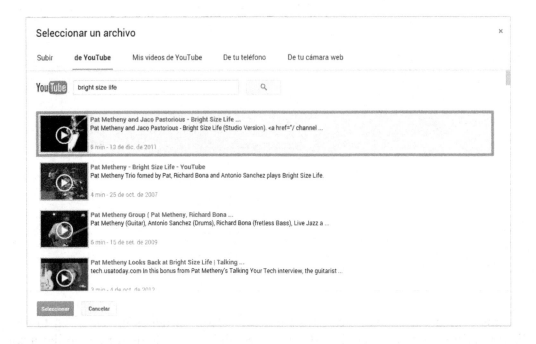

Una vez encuentres el vídeo que quieres publicar, haz clic sobre el mismo y pulsa el botón "Seleccionar" ubicado en al parte de abajo. ¡Listo! Ahora pulsa el botón "Publicar", y en el panel de configuración de Blogger pulsa "Ver blog" para ver el resultado. El mío luce así:

El vídeo no se muestra en la página principal, pero si pulsamos sobre el título de la entrada nueva, podremos ver el mismo:

¡Perfecto! Ya tenemos 3 entradas. Nuestro blog empieza a tomar forma.

Cómo Crear Vínculos

Un blog no estaría completo sin vínculos o enlaces a otras páginas. Por esa razón dedicaré esta sección a mostrarte como crear vínculos en el contenido de nuestras entradas.

Existen básicamente dos tipos de vínculos que podemos crear. En primer lugar está el vínculo interno, el cual es un enlace a una entrada o página en nuestro propio blog. Por otro lado, tenemos el vínculo externo, el cual apunta a un blog, página o recurso externo que no es parte de nuestro blog.

Veamos como crear vínculos en Blogger. Ubícate en el panel de configuración y pulsa el botón "Crear entrada". En el título escribe "Entrada con Vínculos" y en el contenido escribe lo siguiente:

> Este es un ejemplo de una entrada que contiene vínculos. A continuación algunos vínculos internos:
>
> Entrada con vídeo
>
> Entrada con foto
>
> Para mas información sobre los vínculos o enlaces, consulta el artículo en Wikipedia.

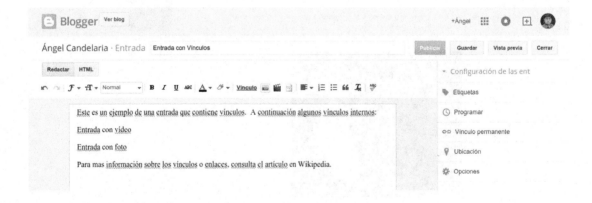

Ahora vamos a crear vínculos internos en las frases "Entrada con vídeo" y "Entrada con foto". Primero, pulsa sobre el botón "Ver blog" ubicado en la parte superior. Una vez abra la pantalla y veas el blog, busca la entrada que tiene le vídeo y pulsa sobre su título para verla. Finalmente, sombrea la dirección que aparece arriba y cópiala (una vez la selecciones, puedes pulsar con el botón derecho del ratón sobre ella y escoger "Copiar"):

Ahora regresa a la entrada que estamos redactando. Sombrea la frase "Entrada con vídeo". Pulsa sobre "Vínculo" en la barra de herramientas:

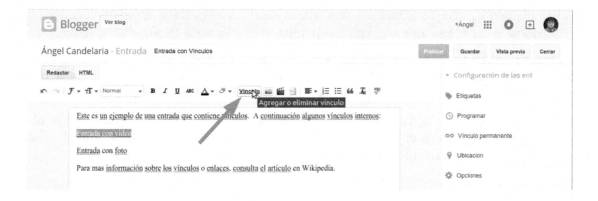

Verás que emerge una ventana como la siguiente:

Permíteme explicarte para qué sirve cada función:

- Texto a mostrar: Es el texto sobre el cual aplicaremos el enlace. En este caso debe aparecer escrita la frase que seleccionamos previamente.

- Vínculo a: En esta sección escogemos el tipo de vínculo que vamos a crear. Las opciones son "Dirección web" y "Dirección de correo electrónico". En nuestro caso escogemos la opción "Dirección web", pues vamos a enlazar a otra entrada en nuestro blog.

- Abrir este vínculo en una ventana nueva: Si marcamos esta opción, cuando el visitante pulse sobre el enlace, este se abrirá en una nueva ventana o pestaña en el navegador. Si no la marcamos, el enlace se abre en la misma página, reemplazando la página corriente.

- Agregar el atributo "rel=nofollow": La explicación sobre lo que hace esta opción es un poco técnica, pero en términos simples es recomendable marcar esta opción si estás creando un vínculo a una página externa a tu blog, especialmente si es una página que no conoces bien.

Para crear el vínculo, pega la dirección que copiaste previamente en el espacio justo al lado de "Dirección web". Luego pulsa el botón "Aceptar". Verás que ahora la frase a la cual aplicamos el vínculo ahora tiene un color distinto, lo cual nos indica que el vínculo fue aplicado:

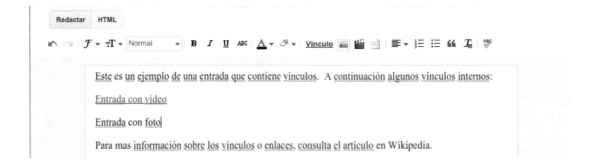

Ahora vamos a hacer lo mismo con la frase "Entrada con foto". Busca en el blog la entrada con foto, copia la dirección que aparece arriba, selecciona la frase "Entrada con foto", pulsa "Vínculo" en la barra de herramientas, pega la dirección y finalmente pulsa "Aceptar".

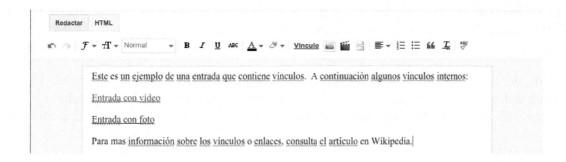

¡Perfecto! Ya tenemos dos vínculos internos en la entrada. Ahora vamos a crear un vínculo externo. Primero visita, selecciona y copia la siguiente dirección:

http://es.wikipedia.org/wiki/Hiperenlace

En el contenido de la entrada, selecciona (sombrea) la frase "artículo en Wikipedia" al final de la última oración:

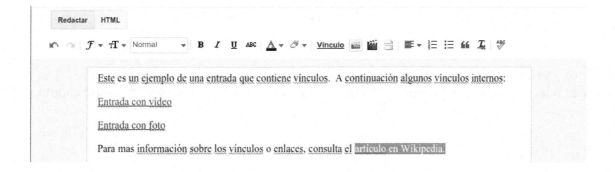

Ahora pulsa sobre "Vínculo" en la barra de herramientas. Pega la dirección al lado de "Dirección web", marca la opción 'Agregar el atributo "rel=nofollow"' y pulsa "Aceptar". Debe quedar algo así:

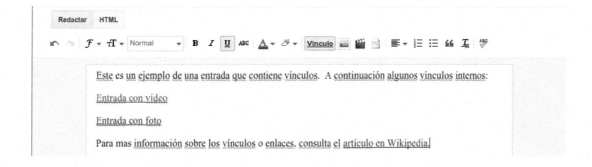

Para terminar, pulsa el botón "Publicar". Ahora pulsa el botón "Ver blog", busca la entrada que acabamos de publicar y haz clic sobre los vínculos que creamos. ¡Felicitaciones, creaste tus primeros vínculos o enlaces en el blog! ¿Ves que es sencillo?

Este procedimiento de añadir vínculos en el texto también se puede utilizar en imágenes. Para hacerlo, simplemente pulsa sobre la imagen en la que quieres añadir el vínculo y pulsa "Vínculo" en la barra de herramientas. El resto del procedimiento es el mismo que utilizamos para crear los vínculos en el texto.

Comentario Final

La barra de herramientas cuenta con mas opciones adicionales para modificar el texto, tales como negritas, cursivas, subrayado, viñetas, listas numeradas, tamaño de la fuente, color de la fuente y otras mas. El procedimiento para aplicar estas modificaciones es el mismo que se utiliza en cualquier procesador de palabras (como Word o LibreOffice, por ejemplo): selecciona el texto a modificar y pulsa el botón correspondiente en la barra de herramientas.

Ahora que ya sabes como crear entradas en el blog, quiero mostrarte como crear páginas. Las páginas se parecen a las entradas, pero tienen una función distinta. Ya te diré mas en el próximo capítulo.

Cómo Crear Páginas en el Blog

Ahora que ya conoces cómo crear una entrada, el procedimiento para crear una página será muy sencillo de asimilar. Pero antes de comenzar necesito explicarte la diferencia entre una entrada y una página.

Entradas y Páginas: ¿Cuál es la diferencia?

A simple vista, una entrada y una página pueden parecer lo mismo. Sin embargo, cada una cumple una función distinta, por lo que es importante entender la diferencia entre ambas para poder elegir cuál es mas apropiada a la hora de crear algún contenido o sección nueva en nuestro blog.

En un blog, las entradas por lo general representan el contenido dinámico mas reciente que se añade a este. Como había mencionado antes, las entradas se pueden comparar a las actualizaciones en el muro de Facebook, donde las mas recientes y/o relevantes usualmente están ubicadas arriba, y las mas antiguas abajo. En un blog, las entradas llevan esa misma estructura: las mas recientes quedan arriba y las mas antiguas debajo, según su fecha de publicación. Por esta razón, las entradas son perfectas para publicar contenido que va cambiando con el tiempo, como actualizaciones, artículos nuevos, información nueva de algún tema, nuevas ofertas de un producto, etc.

Por otro lado, las páginas representan contenido estático que normalmente no varía, o sufre poca variación, y que es necesario que este visible y/o fácilmente accesible en todo momento. Las páginas son perfectas para incluir secciones de información adicional en el blog, como por ejemplo la biografía del autor, historia de la entidad o compañía, lista de empleados de una compañía, descripción servicios ofrecidos, etc. Por defecto, las páginas no se muestran como las entradas en un blog, que se ordenan de arriba hacia abajo desde la mas reciente hasta la mas antigua. Para que un visitante tenga acceso al contenido de una página, es necesario proveerle un enlace o vínculo directo a esta en alguna parte del blog. Usualmente esto se hace mediante algún tipo de menú de navegación.

Permíteme ilustrarte un ejemplo utilizando otro blog que hice en Blogger para mis estudiantes de música en la Escuela Libre de Música de Arecibo. Visita el siguiente enlace para verlo:

http://profcandelaria.blogspot.com

Fíjate que la página principal tiene las entradas mas reciente, la cuales en este caso corresponden a anuncios que he realizado en referencia a nuevas lecciones y partituras disponibles. Ahora, fíjate también que debajo del título del blog hay un menú con diversas opciones: Sobre Mí, Documentos, Vídeos, Calendario, Enlaces y Contáctame. Estas secciones fueron creadas utilizando páginas, ya que corresponden a información estática que considero importante para mis estudiantes. Si las hubiese colocado en una entrada, estas hubiesen permanecido un tiempo en la página principal, pero luego se hubieran perdido ya que las entradas recientes las van reemplazando. Por esa razón decidí hacerlas como una página, y proveer un enlace visible en el menú que está debajo del título.

Ya que conoces la diferencia entre una página y una entrada, permíteme ilustrarte como crear una página en el blog.

Creando una Nueva Página

En el panel de configuración de Blogger, pulsa sobre Páginas:

Verás una lista de páginas, similar a la lista de entradas que conoces. La lista estará vacía, ya que no hemos creado aún páginas para nuestro blog. Para comenzar a crear una página, pulsa sobre el botón "Página nueva":

Ahora debes poder ver una pantalla muy similar a la de creación de entradas. De hecho, es básicamente lo mismo, con la diferencia de que no están presentes las opciones para etiquetas, programar, vínculo permanente y ubicación en la columna derecha. Solo verás el botón "Opciones", donde, al igual que en las entradas, puedes activar o desactivar los comentarios de la página y otras opciones avanzadas.

Como puedes observar, el procedimiento para crear el contenido de una página es el mismo en este caso, así que no voy a repetirlo por motivos de brevedad. Puedes consultar el capítulo sobre las entradas si necesitas repasar algo.

Vamos a crear una página con información personal tuya como autor del blog. En el título, escribe "Sobre mí" u otra frase que desees como título. En la parte de contenido, inserta una foto tuya, pulsa sobre ella y, en las opciones de alineación, escoge "Izquierda":

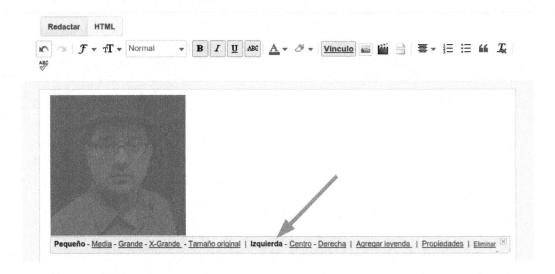

Ahora comienza a escribir algo sobre ti. Fíjate que el texto se ubica automáticamente al lado derecho de la foto, y la imagen se mantiene a la izquierda. A medida que vayas añadiendo mas texto, verás que el mismo se va ubicando automáticamente alrededor de la foto. Esto es precisamente lo que queremos.

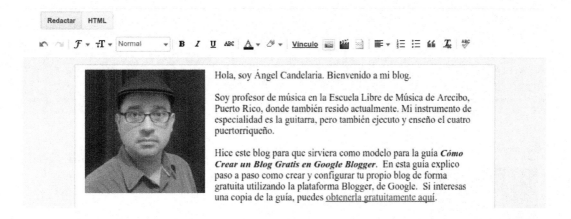

Una vez termines, pulsa el botón "Publicar" ubicado en la parte superior. Al terminar, Blogger te lleva a la lista de páginas de tu blog. Ya la página está publicada y aparece en la lista. Sin embargo, si visitas tu blog, te darás cuenta que no hay un vínculo visible para poder verla. Mas adelante te enseñaré como crear ese vínculo en un menú que colocaremos debajo del título del blog. Mientras tanto, para ver la página, pasa el cursor del ratón por encima del título de la página. Verás que debajo del título aparecen unos enlaces para ciertas funciones: Editar, Visualizar, Compartir y Eliminar. Pulsa en el que dice "Visualizar":

Verás que se abre una nueva ventana, y se muestra la página que acabamos de crear. ¡Listo!

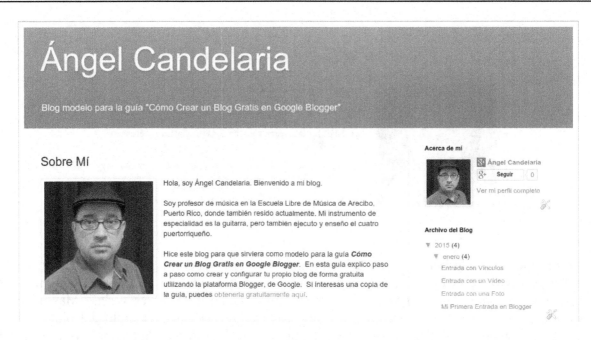

Con eso terminamos la creación de nuestra primera página en el blog. Si deseas, puedes crear mas páginas utilizando el mismo procedimiento que acabo de explicar.

Ahora que tenemos algo de contenido en el blog, es hora de comenzar a personalizar el mismo. En el próximo capítulo comenzaremos a realizar ajustes a algunos elementos estéticos del blog, de modo que se vea a nuestro gusto.

Personalizando la Apariencia de tu Blog

Regresa a la ventana o pestaña donde está el panel de configuración de tu blog. En la columna izquierda, pulsa sobre "Plantilla":

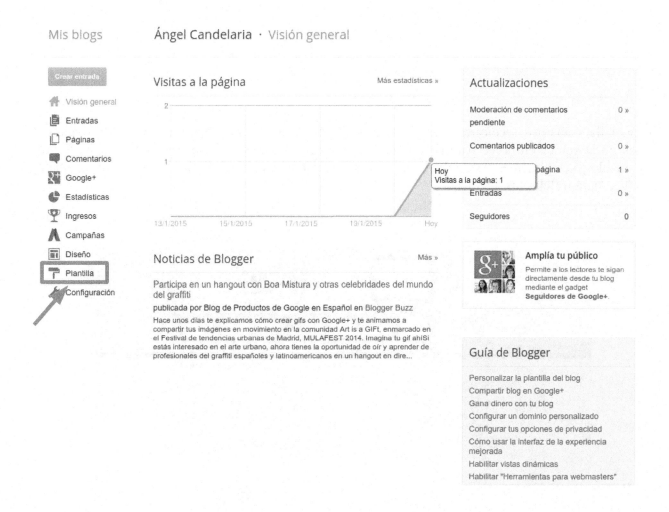

Una vez ahí, verás una imagen de la plantilla que escogiste al momento de crear tu blog. También verás una imagen que muestra cómo luce la plantilla en teléfonos celulares.

Ahora vamos a cambiar un poco la apariencia de nuestro blog. Pulsa sobre el botón "Personalizar":

En pantalla verás dos secciones. En la parte de arriba verás algunas opciones de configuración, las cuales utilizaremos en breve para modificar la apariencia del blog. En la parte de abajo verás cómo luce tu blog actualmente. A medida que vayas realizando cambios, verás que la parte de abajo se actualiza para reflejar los mismos:

Personalizando la Plantilla

La primera opción en la parte superior derecha nos permite cambiar la plantilla. No obstante, para efectos de esta guía seguiré utilizando la misma plantilla que escogí al crear el blog (la plantilla "Sencillo"). Mas adelante, si deseas cambiar la plantilla, puedes hacerlo en esta sección.

Personalizando el Fondo

Pulsa ahora donde dice "Fondo". En esta sección escogeremos el color de fondo o imagen que aplicaremos al blog. Si desea utilizar un color de fondo, Blogger te ofrece unas combinaciones predefinidas (o "temas") que puedes utilizar tal y como se muestran, o utilizarlas como punto de partida para modificarlas posteriormente. Para escoger una combinación, simplemente pulsa sobre una de las imágenes bajo "Temas sugeridos". Por ejemplo, aquí pulse sobre el tema azul, que está ubicado en la segunda posición de la segunda fila, de izquierda a derecha. Observa cómo cambió la apariencia del blog:

En este caso, la plantilla está utilizando un fondo de color azul. Pero si lo deseas, puede utilizar una imagen para el fondo. Para esto, pulsa donde dice "Ninguno" en la parte superior izquierda, justo debajo de "Imagen de Fondo". Verás que emerge una pantalla como esta:

Aquí encontrarás una gran variedad de imágenes de fondo para aplicar a tu blog, clasificadas por categoría. Para escoger una imagen, pulsa sobre la categoría que desees ver, pulsa sobre la imagen deseada y finalmente pulsa sobre el botón "Finalizado". En mi caso, decidí escoger la imagen que está en la categoría "Textura"; la segunda imagen en la quinta fila (contando desde arriba). Pero escoge la que mas te guste:

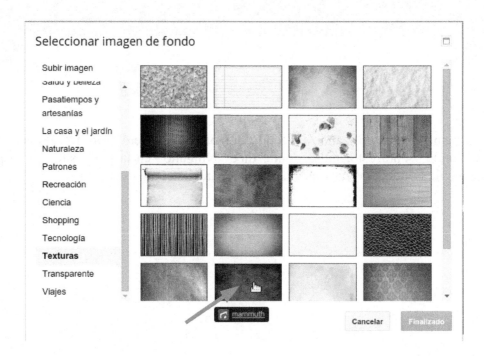

Antes de continuar, es muy importante guardar los cambios efectuados hasta el momento. Para esto, pulsa el botón que dice "Aplicar al blog", ubicado en la parte superior derecha de la pantalla:

Personalizando el Diseño

Ahora pulsa donde dice "Diseño" en la columna superior izquierda. Seguramente estás pensando: "¡Ángel, saltaste la parte que dice 'Ajustar ancho'!". No te preocupes; no es un error. En breve verás por qué decidí ir a la sección "Diseño" primero.

Al pulsar sobre "Diseño" debes ver la siguiente pantalla:

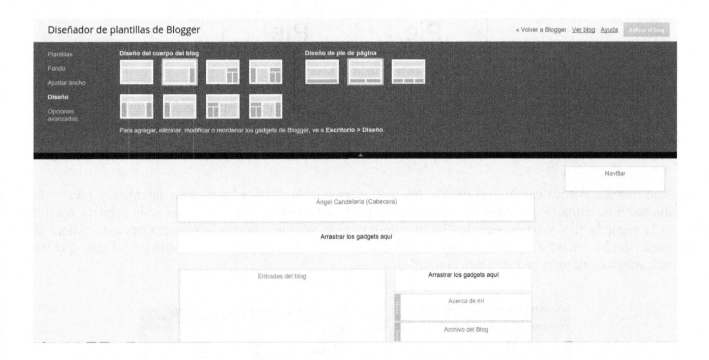

Esta pantalla muestra cómo esta organizada la información que se muestra en el blog, a lo cual Blogger llama el "diseño". En la sección "Diseño del cuerpo del blog" está seleccionada la segunda opción, y en la sección "Diseño de pie de la página" está seleccionada la segunda opción también. De acuerdo a estas selecciones, el diseño de nuestro blog consiste en una cabecera, un área central para el contenido, una barra lateral y dos áreas al pie de la página. El siguiente diagrama lo ilustra de forma mas clara y visual:

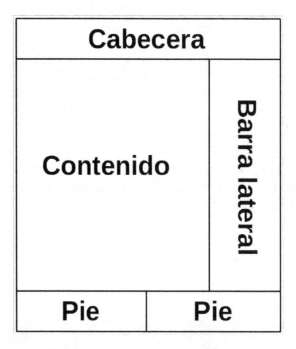

La cabecera es el área de arriba, donde está ubicado el nombre del blog. El contenido es el área central izquierda, y actualmente está vacío, pero en esta área se mostrará la información principal contenida cada entrada y/o página. Por último, la barra lateral y los pies del diseño nos permiten añadir algunos elementos complementarios, como imágenes, perfiles sociales, texto adicional, anuncios, etc.

Si lo deseas, puedes cambiar el diseño del blog alterando la cantidad de barras laterales y pies, y la ubicación de estos. Por ejemplo, en la sección "Diseño del cuerpo del blog" escoge la primera opción en la segunda fila, y en la sección "Diseño de pie de la página" escoge la primera opción. Ahora el diseño del blog tendrá dos barras laterales (una a cada lado del contenido) y un solo pie. Fíjate que las imágenes te muestran en miniatura el diseño:

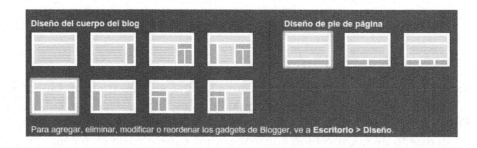

Dos barras laterales

Un solo pie

El siguiente diagrama ilustra el resultado de forma mas clara:

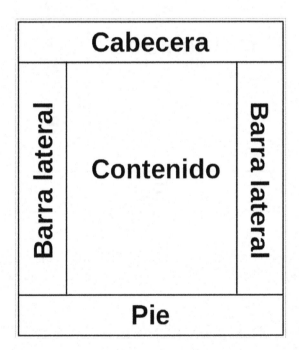

Para efectos de esta guía vamos a escoger un diseño relativamente sencillo: una barra lateral a la izquierda y un solo pie. Para esto, en la sección "Diseño del cuerpo del blog" escogemos la segunda opción en la primera fila, y en la sección "Diseño de pie de la página" escogemos la primera opción.

Eso nos deja con el siguiente diseño:

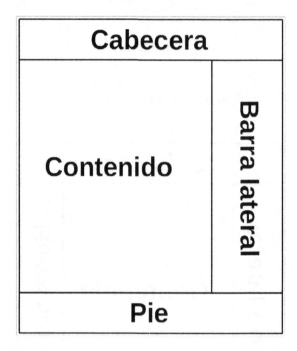

Antes que lo olvides, pulsa el botón "Aplicar al blog" ubicado en la parte superior derecha para que guardes los cambios realizados al diseños. ¡Mejor prevenir que tener que remediar!

En adición a estos elementos básicos del diseño, en la parte de abajo de la pantalla podemos ver algunas secciones adicionales:

La sección identificada como NavBar es una barra horizontal que añade Blogger automáticamente, ubicada en la parte superior del blog:

En lo personal no me agrada esa barra, así que siempre la remuevo de mis blogs. Mas adelante te enseñaré como remover esa barra de tu blog, en caso de que quieras removerla también.

Debajo de la cabecera verás un área que dice "Arrastrar los gadgets aquí". Los gadgets son elementos que provee Blogger para añadir contenido a las barras laterales y pies del diseño. Mas adelante añadiremos algunos gadgets a nuestro blog. Esta área debajo de la cabecera la usaremos mas adelante para añadir un menú de navegación, de modo que los visitantes de nuestro blog puedan acceder diversas secciones del blog con mayor facilidad.

Por último, la sección que dice "Atribución" contiene los créditos del blog y de la plantilla:

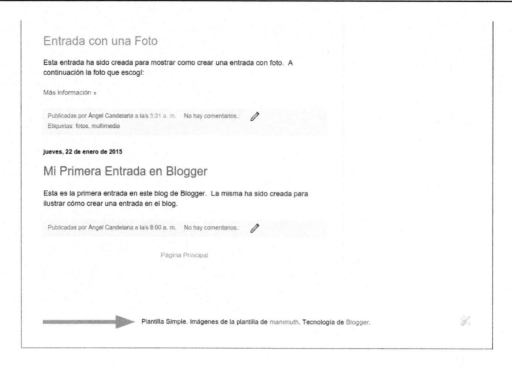

Esta área también se puede personalizar con nuestra información, lo cual haremos mas adelante.

Ajustando el Ancho

Ahora que ya hemos escogido el diseño, pulsa en la sección "Ajustar ancho" (la sección que obviamos hace un rato) en la columna superior izquierda. Verás una pantalla como esta:

En esta sección podemos configurar el ancho del blog, así como el ancho de las barras laterales. La razón por la cual decidí obviar esta sección y configurar el diseño primero es porque los valores y opciones mostrados en esta sección dependen del diseño escogido. Por ejemplo, Si escoges un diseño con dos barras laterales, verás dos controles deslizantes en vez de uno:

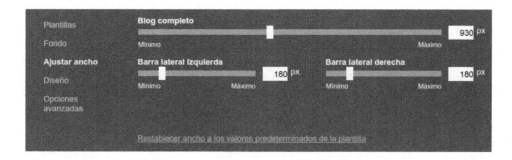

En nuestro caso estamos viendo solo un control deslizante, ya que nuestro diseño solo tiene una barra lateral a la derecha. Ahora bien, lo mas apropiado es escoger primero el diseño y luego ajustar el ancho del blog y las barras laterales. El hacerlo a la inversa no tendría sentido, ya que si ajustamos el ancho del blog y las barras, y luego cambiamos el diseño, tendríamos que volver a ajustar el ancho de estos elementos nuevamente.

Volviendo a los ajustes del ancho de nuestro blog, fíjate que el ancho esta configurado a un valor de 930 píxeles (un píxel es la unidad o punto mas pequeño en una imagen digital). Puedes ajustar el ancho de tu blog moviendo el control deslizante a la izquierda o derecha para disminuir o aumentar el tamaño, respectivamente. Mi recomendación es que uses un ancho máximo de 1024 píxeles; mas de eso puede provocar que algunos visitantes cuyos monitores tengan una resolución baja experimenten dificultades al navegar tu blog. En cuanto a la barra lateral, recomiendo un ancho de 300 - 320 píxeles a lo más. Si estas utilizando dos barras laterales, entonces cada una debe tener un ancho máximo de 160 píxeles, de modo que haya espacio suficiente para el contenido en el centro (esta es la razón por la cual prefiero tener una sola barra lateral, pues el espacio en cada barra es mucho mas pequeño al utilizar 2). En mi caso, escogí un ancho de 1024 para mi blog (nota: el control deslizante solo te permite ajustar en múltiplos de 10, pero puedes escribir el valor exacto en el espacio correspondiente) y un ancho de 300 para mi barra lateral.

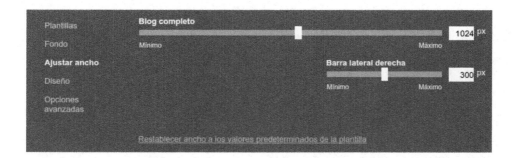

Para terminar, pulsa el botón "Aplicar al blog", de modo que se guarden los cambios. ¡Listo!

Mas adelante regresaremos a esta sección para ver las opciones avanzadas. Pero primero vamos a realizar ajustes al diseño de nuestro blog, y a añadir un menú de navegación con enlaces a las páginas.

Manejando el Diseño del Blog

Ubícate en el panel de configuración de tu blog. Una vez ahí, pulsa sobre "Diseño" en la columna izquierda:

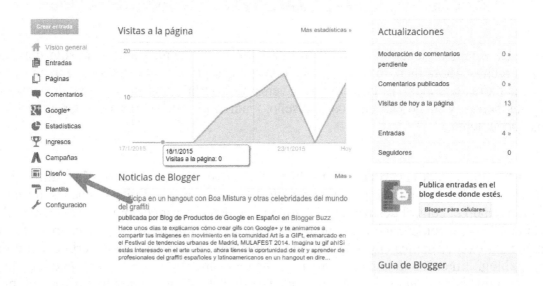

Verás una pantalla similar a esta:

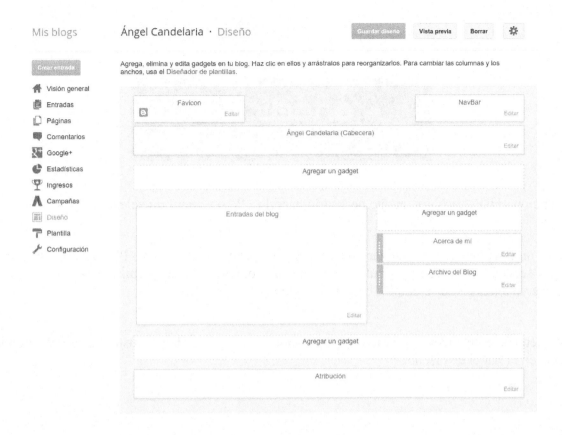

Fíjate que los elementos presentados aquí ya los habíamos visto en la sección "Diseño", en las opciones para personalizar la plantilla. Probablemente reconoces los elementos presentes, como la cabecera, el área de contenido, la barra lateral y el Navbar. Sin embargo, aunque las opciones de diseño en la plantilla nos permiten modificar un poco la apariencia estética, esta sección nos ofrece mayores opciones para configurar la manera en la cual se muestran los elementos en el blog.

Las opciones presentadas en pantalla pueden variar, dependiendo de la plantilla que se utilice. En nuestro caso, las opciones en la imagen corresponden a la plantilla "Sencillo", la cual estoy utilizando como base en esta guía.

Asignando un Favicon

Comencemos con el primer elemento que aparece arriba, llamado Favicon. Un Favicon es una pequeña imagen asociada a nuestro blog que se muestra en la pestaña de la ventana del navegador y junto al título del blog al guardarlo en los favoritos. Por ejemplo, mi blog http://angelsguitar.com tiene una imagen de una guitarra, y se ve así en la pestaña del navegador y en la barra de favoritos:

Esto es opcional; no es absolutamente necesario hacerlo. Pero es un toque elegante para el blog.

Para hacer un Favicon, puedes utilizar un editor de imágenes como GIMP o Photoshop. Otra opción es utilizar un servicio de generación automática de Favicons, el cual te permite crear uno de cualquier imagen que ya tengas—por ejemplo, http://www.genfavicon.com/es/.

Una vez tengas el Favicon generado, pulsa sobre el enlace "Editar" justo debajo de donde dice "Favicon" en el panel de diseño:

Verás que abre la siguiente ventana:

Pulsa sobre "Choose File" (escoger archivo) para buscar en tu computadora la imagen que deseas utilizar como Favicon. Una vez termines, pulsa el botón "Guardar". Verás la nueva imagen aplicada justo debajo de "Favicon".

Opciones del NavBar

Pulsa ahora sobre el enlace "Editar" justo debajo de NavBar.

Verás que abre una ventana similar a esta:

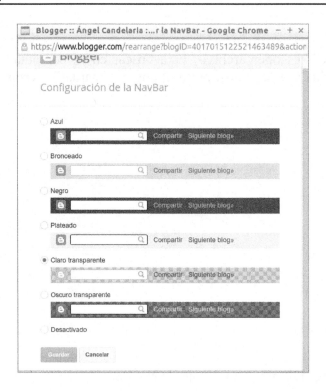

En esta sección podemos cambiar la apariencia del NavBar, que es la barra que aparece por defecto en la parte superior del blog. Escoge el color y diseño que prefieras. O, si eres como yo que prefiere desactivarla, escoge la opción "Desactivado" que esta justo abajo. Ahora pulsa "Guardar". Para comprobar los cambios, visita tu blog (pulsa el botón "Ver blog"). Se supone que veas tu blog sin la barra superior de Blogger (si escogiste esa opción):

Opciones de la Cabecera

Ahora pulsa sobre el enlace "Editar" que está justo debajo del área correspondiente a la cabecera (identificada con el nombre de tu blog y la palabra "Cabecera" entre paréntesis):

Verás una ventana similar a esta:

A continuación una descripción de cada función:

- Título del blog: se explica por sí solo.

- Descripción del blog: se explica por sí solo.

- Imagen: Esta función te da la opción de utilizar una imagen en la cabecera, la cual se puede utilizar para complementar o sustituir el título y la descripción del blog (lo cual se muestra por defecto). Si vas utilizar una imagen de tu computadora, escoge "Desde la computadora" y pulsa el botón "Choose File" (escoger archivo) para buscar la imagen deseada. Si la imagen está alojada en algún lugar en el Internet (por ejemplo, un servicio como Picassa o Flickr), escoge "Desde la Web. Pega una URL de imagen a continuación" y escribe (o copia) el enlace de la imagen en el espacio provisto. Luego puedes escoger la ubicación. "Detrás del título y la descripción" te permite utilizar la imagen como un fondo para la cabecera. "En lugar de título y descripción" te permite sustituir el título y la descripción por la imagen que quieres utilizar. "Que la descripción se ubique después de la imagen" te permite utilizar la imagen como el título del blog (removiendo el título en texto) y conservar la descripción justo debajo de la imagen. La opción "Reducir hasta ajustar" hace que Blogger ajuste las dimensiones de la imagen de manera apropiada para el tamaño de la cabecera—útil si la imagen es demasiado grande. Una vez termines, pulsa "Guardar".

En mi caso, he decidido dejar la cabecera como está. Utilizaré el título y descripción en formato de texto. Puedes hacerlo de la misma manera, o puede subir una imagen en su lugar. De todos modos, mas adelante te enseñaré cómo cambiar la fuente (tipo de letra) y color del título y la descripción, de modo que sea un poco mas atractivo.

Opciones del Contenido

Pulsa ahora sobre el enlace "Editar" justo debajo de la sección "Entradas del blog":

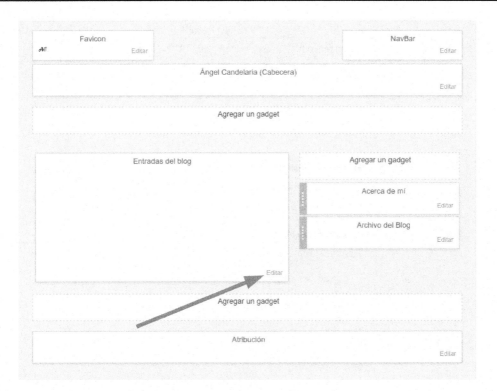

Verás una ventana similar a esta:

En esta sección podrás configurar las opciones que afectan como se muestra el contenido tanto en la página principal como en cada entrada individual. Empecemos por ver las opciones para la página principal:

- Número de entradas en la página principal: Esta opción te permite configurar la cantidad de entradas (o fragmentos, si estás utilizando los saltos de línea) que se verán en la página principal. Escribe el número de entradas deseado en el espacio provisto. Si quieres que la cuenta se lleve por entrada, selecciona "Entradas" en la lista desplegable al lado. Por otro lado, si quieres que la cuenta se lleve por días, selecciona "Días con entradas". ¿Cual es la diferencia? Si escribes 7 y seleccionas "Entradas", Blogger mostrará las 7 entradas mas recientes en tu blog. Por el contrario, si escribes 7 y seleccionas "Días con entradas", Blogger mostrará los últimos 7 días en los cuales publicaste entradas. Lo mas común y sencillo es la primera opción, "Entradas".

- Texto del vínculo de la página de entrada: Si estas utilizando los saltos de línea, esta opción te permite configurar el texto que se mostrará como enlace en la pagina principal para ver el resto del contenido de la entrada. Por defecto se muestra "Más información »", pero puedes cambiarlo a cualquier otro mensaje que desees.

Ahora examinemos las opciones para las entradas individuales. Algunas de ellas no están debidamente identificadas con un nombre, pero las mencionare en el orden en que aparecen, de arriba hacia abajo:

- La primera opción te permite escoger el formato para la fecha. Escoge el formato deseado de la lista desplegable.

- La segunda opción te permite configurar el texto que aparece antes del nombre del autor. La ubicación de este texto puede variar dependiendo de la plantilla. En la plantilla que estoy utilizando en esta guía, "Sencillo", aparece justo debajo del fragmento de la entrada. En este momento aparece como "Publicadas por" y el nombre del autor, pero puedes cambiarlo a lo que desees. También puedes desactivar esta opción por completo quitando la marca de cotejo del cuadrado.

- La tercera opción te permite escoger el formato de la hora de publicación, o simplemente desactivarlo. El procedimiento es similar a las demás opciones: Escribe el texto deseado en el espacio provisto y/o escoge el formato deseado en la lista desplegable.

- La cuarta opción te permite configurar el texto que aparece luego de la cantidad de comentarios.

- La quinta opción te permite configurar el texto y/o activar o desactivar las notificaciones de vínculos externos a la entrada correspondiente. Esta función lo que hace es mostrar los vínculos a la entrada publicada que Google encuentre en el Internet.

- La sexta opción te permite activar y/o desactivar las etiquetas, y configurar el texto mostrado.

- La séptima opción te permite activar o desactivar la opción de "Reacciones". Las reacciones son una herramienta que Blogger provee para facilitar al visitante expresar una opinión de tu entrada. Puedes personalizar las "reacciones" disponibles pulsando el botón "Editar" justo al lado, y añadiendo o removiendo de la lista provista (separadas por comas).

- La octava opción (Mostrar edición rápida) te permite activar o desactivar el modo de edición rápida. Esta opción coloca un icono en forma de lápiz en la pagina principal (solo visible cuando has ingresado en tu cuenta de Blogger) el cual te permite realizar cambios a diversas opciones desde la misma pagina principal o entrada, sin necesidad de entrar al panel de configuración de Blogger.

- La novena opción, "Mostrar los vínculos para enviar entradas por correo electrónico", añade un icono en forma de sobre de carta, el cual permite al visitante enviar la entrada a otra persona a través de correo electrónico.

- La décima opción te permite activar los botones que permiten a cualquier visitante compartir tu entrada en las redes sociales. ¡Muy recomendado activar esta opción!

- La undécima opción te permite añadir el lugar de ubicación desde donde escribe el autor, y modificar el texto mostrado antes de la misma. Usualmente dejo desactivada esta opción por motivos de privacidad, pero puedes activarla si así lo prefieres.

- La duodécima opción, "Mostrar el perfil del autor debajo de la entrada", muestra información básica del autor y una foto al pie de cada entrada. Esta información es tomada de tu perfil Google+; la foto mostrada es la foto del perfil de Google+ y la información del autor es tomada de la introducción en tu perfil.

- La decimotercera opción, "Mostrar anuncios entre las entradas", coloca anuncios en las entradas de tu blog, lo cuales pueden generar ingreso por comisión si un visitante pulsa sobre uno de ellos. Para usar esta opción es necesario que actives una cuenta en Google AdSense y la vincules a tu blog.

Al final de esta sección encontrarás una herramienta visual provista por Blogger para organizar el orden en el cual se muestran todas estas opciones al pie de la entrada:

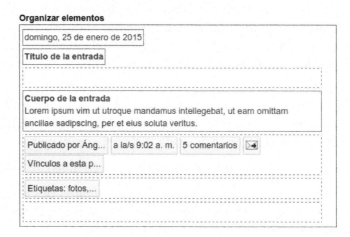

Simplemente haz clic sobre el elemento que deseas cambiar de ubicación y arrástralo al lugar deseado. Una vez termines de hacer todos los ajustes, recuerda pulsar el botón "Guardar" para que no pierdas los cambios realizados.

Añadiendo Gadgets al Blog

Los Gadgets son elementos que añaden diversas funciones a nuestro blog. La ubicación de los gadgets puede variar, dependiendo de la plantilla que se utilice. Es común utilizar gadgets en las barras laterales, el pie de la página y justo debajo de la cabecera.

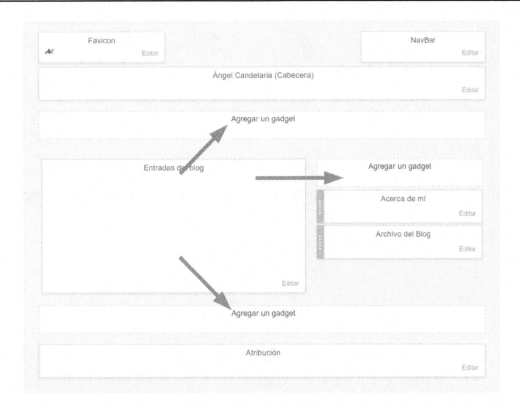

En el caso de mi blog—en el cual estoy utilizando la plantilla "Sencillo" como modelo para esta guía— la barra lateral ya tiene dos gadgets configurados: uno que muestra información mía (llamado "Acerca de mí") y otro que muestra un archivo de entradas publicadas en el blog:

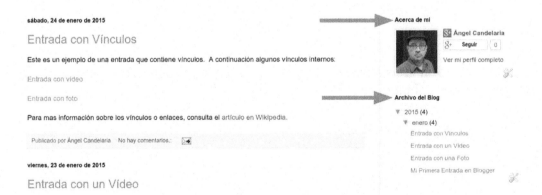

Para comenzar esta discusión sobre los gadgets, vamos a añadir uno muy importante: un menú debajo de la cabecera, con enlaces a la página de inicio y otras páginas creadas. En el panel de diseño, pulsa sobre el enlace "Agregar un gadget" que está ubicado de forma horizontal debajo de la cabecera:

Al pulsar sobre él, verás una ventana que contiene una lista de gadgets provistos por Blogger.

Navega hasta mas abajo en la lista hasta encontrar uno llamado "Páginas", y pulsa el símbolo de suma justo al lado para añadirlo al blog:

Al añadirla, verás la siguiente ventana:

Ahora vamos a configurar el gadget "Páginas" de la siguiente manera:

- En "Título" lo vamos a dejar en blanco, ya que usaremos este gadget debajo de la cabecera (si lo fuéramos a colocar en la barra lateral, podríamos dejarle un título para identificarlo, pero en este caso no conviene)

- En "Páginas a mostrar", coloca una marca en todas las páginas que deseas añadir al menú. En mi caso, colocare una marca sobre "Página Principal" (que es el enlace a la página principal o frontal del blog—muy importante incluirlo) y a la página que contiene mi información personal, "Sobre Mí". También decidí cambiar el texto que hace referencia a "Página Pirncipal" por "Inicio", ya que es mas corto.

- En "Orden de la lista", haz clic sobre cada página y arrástrala a la posición que deseas que ocupen. Las páginas ubicadas en la parte de arriba de la lista se mostrarán a la izquierda.

Al terminar, pulsa sobre el botón "Guardar". Luego, en el panel de diseño, pulsa sobre el botón "Guardar diseño" para aplicar los cambios. Finalmente, pulsa sobre el botón "Ver blog" en la parte superior, de modo que veas el resultado. Debes poder ver un menú nuevo debajo de la cabecera, el cual enlaza a la página principal y otras páginas que hayas escogido mostrar:

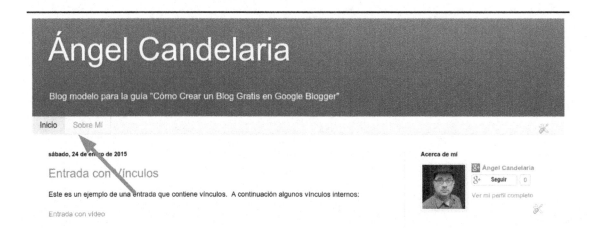

¡Acabas de añadir tu primer gadget! ¿Ves que sencillo?

Ahora vamos a añadir algunos gadgets a la barra lateral. En el panel de diseño, pulsa sobre el enlace "Agregar gadget" que está ubicado en la barra lateral:

Al pulsar sobre el mismo, verás nuevamente la ventana que contiene la lista de gadgets. Siéntete en la libertad de explorar los gadgets disponibles y escoger los que quieras añadir. Algunos de los gadgets que encontrarás en la lista:

- Botón de Google+: permite a los visitantes compartir tu blog en Google+.

- Seguidores de Google+: Muestra una lista de tus seguidores en Google+.

- Insignia Google+: Muestra información sobre tu perfil en Google+.

- Seguir por correo electrónico: Permite a los visitantes suscribirse a tu blog y recibir notificación cuando publiques una nueva entrada. Para usar este gadget, necesitas crear una cuenta en Google Feedburner.

- AdSense: Te permite mostrar anuncios y generar ingresos por comisión cuando un visitante pulsa sobre el anuncio. Requiere que tengas una cuenta activa en Google AdSense.

- Cuadro de búsqueda: Permite añadir un formulario de búsqueda, de modo que tus visitantes puedan realizar una búsqueda del contenido de tu blog.

- HTML/Javascript: Permite añadir funcionalidad extra a tu blog mediante el uso de código HTML o Javascript.

- Texto: Permite añadir algún mensaje personalizado.

- Imagen: Permite añadir una imagen y mostrarla en el blog.

Las posibilidades son muchas, y la lista de gadgets es amplia. Te recomiendo que tomes un tiempo luego para explorar las descripciones de los gadgets y añadas los que mas te gusten y/o necesites tu blog.

En mi caso, escogí añadir los siguientes gadgets a la barra lateral de mi blog: Cuadro de búsqueda, Lista de vínculos, Etiquetas y Archivo del Blog:

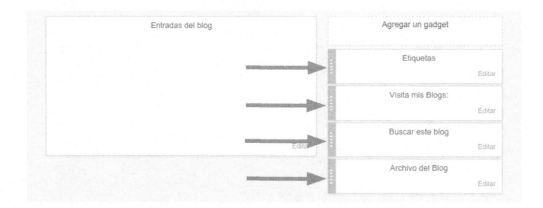

Una vez añadas los gadgets a la barra lateral, puedes organizarlos en el orden que gustes. Para cambiar un gadget de orden, haz clic sobre él y arrastrarlo a la posición que desees:

Finalmente, pulsa el botón "Guardar diseño" ubicado en la parte superior, de modo que se apliquen los cambios realizados. Ahora échale un vistazo a tu blog para que veas los nuevos gadgets. ¡Nítido, eh?

Por cierto, ¿recuerdas que en el capítulo sobre las entradas te dije que las etiquetas te permiten agrupar las entradas bajo temas? Haz la prueba. Entra a mi blog en http://angelcandelaria.blogspot.com y, en la sección de etiquetas, pulsa sobre la que dice "multimedia":

Al pulsar sobre ella, verás que en el área de contenido solo se muestran las entradas que contienen la etiqueta "multimedia". Es una forma muy útil de categorizar y/o agrupar entradas bajo un mismo tema, de modo que los visitantes de nuestro blog puedan tener acceso fácil a ellas.

La plantilla que estoy utilizando como modelo provee espacio para añadir gadgets al pie del blog. En mi caso, he escogido no hacerlo, pero si lo deseas, puedes hacerlo tú. Ya sabes el procedimiento: Pulsa sobre el enlace "Agregar gadgets" que está debajo del área de contenido.

Por último, si deseas realizar algún cambio o eliminar un gadget existente, pulsa sobre el enlace "Editar" que está en la parte izquierda del gadget correspondiente:

Ese enlace mostrará la ventana de configuración del gadget, donde podrás realizar cambios. Al pie de la configuración encontrarás botones para guardar los cambios realizados o eliminar el gadget.

Atribución del Blog

En la parte de abajo del panel de diseño del blog encontrarás la sección donde te permite añadir información sobre el blog y/o derechos de autoría. Para acceder esas funciones, pulsa sobre el enlace

"Editar" ubicado debajo de "Atribución":

Verás la siguiente ventana:

En "Derechos de autor (opcional)" añade la información que desees mostrar. Pulsa "Guardar" para aplicar los cambios. Finalmente, pulsa "Guardar diseño" en la parte superior.

Con eso terminamos la discusión sobre el diseño. En la próxima sección te mostraré como realizar otros ajustes adicionales al blog.

Personalizando tu Blog: Opciones Avanzadas

Ya hemos personalizado de forma general nuestro blog, y hemos ajustado el diseño a nuestro gusto. Sin embargo, es probable que aún quieras ajustar de forma mas precisa algunos elementos visuales. En este capítulo te explicaré como hacer ajustes mas precisos a la estética de tu blog.

Ubícate en el panel de configuración de tu blog. Pulsa sobre "Plantilla" y luego sobre el botón "Personalizar". Finalmente pulsa en "Opciones avanzadas" en la columna superior izquierda. Verás una pantalla como esta:

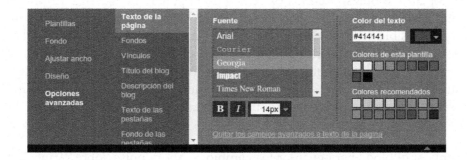

No te asustes con el nombre "Opciones avanzadas". Verás que es mas sencillo de lo que crees.

El primer ajuste avanzado corresponde al texto de la página. Aquí podrás escoger el tipo de letra, tamaño, estilo y color del texto. Blogger provee diversas formas de escoger los colores. La forma mas sencilla es pulsando sobre los pequeños cuadros en las secciones "Colores de esta plantilla" y/o "Colores recomendados". Pero si ninguno de esos te agrada, pulsa en el cuadro con un pequeño triangulo invertido para abrir la herramienta de selección de colores:

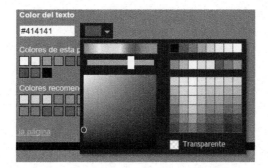

Aquí podrás escoger el color que desees con mas precisión. Mueve la barra deslizante hacia la izquierda o derecha hasta que quede debajo del color aproximado que deseas. Luego pulsa en el cuadrado justo debajo para escoger al intensidad o variación del color de tu selección.

Cada cambio que realices se reflejará al instante en la parte inferior de la pantalla, la cual muestra tu blog. En mi caso, escogeré el tipo de letra Georgia, tamaño 14px y color gris oscuro, como se muestra en las imágenes previas.

Una vez hagas las selecciones correspondientes, pulsa el botón "Aplicar al blog" para guardar los cambios. Luego pulsa sobre "Fondos" en la segunda columna a la izquierda.

Aquí tienes tres opciones: Fondo exterior, Fondo principal y Fondo de cabecera. El fondo exterior corresponde al color que se muestra en los extremos de la pantalla del blog. El proceso para escoger los colores es similar al de la sección previa (color del texto). Si escogiste una imagen de fondo previamente, no será posible realizar este ajuste, ya que la imagen oculta el color del fondo. El fondo principal es el color que tendrá el área del contenido, y el fondo de la cabecera es el color del área donde está el título del blog. Igualmente puedes utilizar los pequeños cuadrados para escoger un color predefinido, o utilizar la herramienta de selección de color. En mi caso, yo escogeré blanco para el color de fondo principal y azul oscuro para el fondo de la cabecera.

Pulsa el botón "Aplicar al blog" para guardar los cambios. Ahora pulsa sobre "Vínculos" en la segunda columna izquierda.

Como vimos en el capítulo sobre cómo crear entradas, los vínculos son los enlaces o direcciones que se presentan en el contenido, los cuales te llevan a otra sección en el blog o a una página externa. Estos se distinguen porque usualmente el cursor cambia a una flecha o dedo al pasar sobre ellos. A continuación un ejemplo:

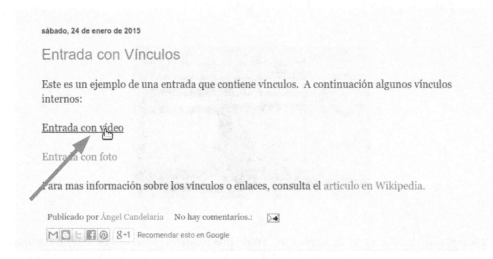

Blogger te da la opción de escoger los colores para el vínculo normal, vínculo que haya sido visitado previamente y el color del vínculo cuando pasa el ratón por encima de él. En mi caso, escogeré azul oscuro para los vínculos normales, gris para los vínculos visitados y azul claro para el color del vínculo al pasar el ratón por encima:

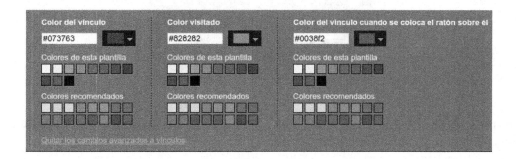

Una vez termines, pulsa el botón "Aplicar al blog" para guardar los cambios. Ahora pulsa sobre "Título del blog" en la segunda columna izquierda.

Aquí puedes escoger el tipo de letra (fuente), tamaño y color del título de tu blog. El proceso es igual al de las secciones anteriores, así que no entrare en detalles. En mi caso, escogeré la letra "Paytone One", tamaño 60px y color blanco.

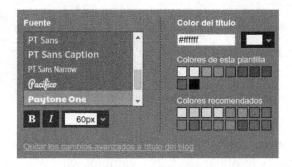

Nota: Si escogiste colocar una imagen que sustituye el título en la cabecera, esta opción no tendrá efecto visible en tu blog.

Una vez termines, pulsa el botón "Aplicar al blog" para guardar los cambios. Ahora pulsa sobre "Descripción del blog" en la segunda columna izquierda.

Aquí puedes escoger el color de la descripción, la cual se muestra debajo del título (a menos que hayas desactivado esta función en el diseño). Ya sabes el procedimiento: Escoge el color deseado y pulsa "Aplicar al blog".

Una vez termines, pulsa el botón "Aplicar al blog" para guardar los cambios. Ahora pulsa sobre "Texto de las pestañas" en la segunda columna izquierda.

Aquí puedes escoger la fuente y el color que tendrá el texto del menú ubicado debajo de la cabecera. El "color del texto" es el color normal, y el "color seleccionado" es el color que tendrá luego de haber hecho clic sobre el mismo. En mi caso escogí la fuente "Arvo" en negritas, gris para "Color del texto" y negro para "Color seleccionado".

Una vez termines, recuerda pulsar sobre "Aplicar al blog". Por motivos de brevedad no lo volveré a repetir, pero recuerda hacerlo al terminar de hacer cambios en cada sección. Así evitas perder los cambios hechos si por alguna razón pierdes la conexión al Internet.

Ahora pulsa sobre "Fondo de las pestañas" en la segunda columna izquierda. Como bien indica su título, aquí puedes ajustar el color del fondo del menú ubicado debajo de la cabecera. El "color de fondo"es el color normal, y el "color seleccionado" es el color que tendrá luego de haber hecho clic sobre el mismo. En mi caso escogí gris para "Color de fondo" y un tono de gris mas claro para "Color seleccionado".

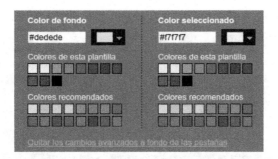

En la sección "Titulo de entrada" puedes escoger el tipo de fuente, tamaño y estilo de la letra del título de la entrada. En mi caso, escogí "Paytone One" y tamaño 22px.

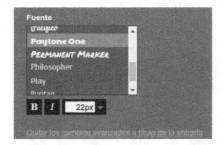

En la sección "Cabecera de fecha" puedes escoger el color del texto y fondo que se usará para mostrar la fecha de publicación de cada entrada. En mi caso, escogí el color de texto negro y fondo transparente.

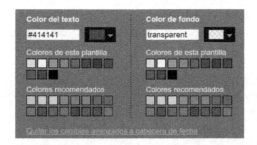

En la sección "Pie de la pagina de entrada" puedes escoger el color del texto, fondo y sombre que se usará para mostrar esta sección. En mi caso, escogí el color de texto gris, fondo crema y desactive la sombre (la configuré como transparente en la herramienta de selección de color)

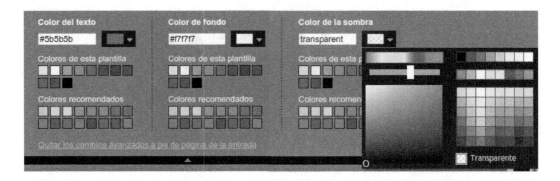

En la sección "Gadgets" puedes escoger el tipo de fuente, tamaño, color del título y color alterno (color de ciertos elementos secundarios de los gadgets—varía de acuerdo a cada uno) que llevarán los gadgets. En mi caso, escogí la fuente "Arvo", tamaño 16px, en negritas, color gris oscuro para el título y gris claro como color alterno.

En la sección "Imágenes" puedes escoger el color de fondo, color del contorno y color del texto descriptivo (leyenda) de las imágenes y/o fotos que se muestren en el blog. En mi caso escogí hacer los colores de fondo y contorno transparentes, y el color de la leyenda gris oscuro.

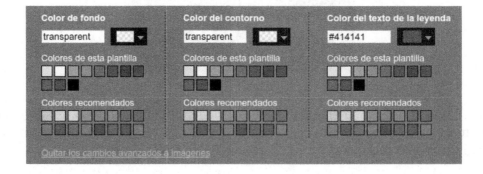

En la sección "Acentos" puedes escoger el color de las líneas que separan las secciones del blog, como la línea entre la sección del contenido y la barra lateral; así como las líneas que separan las pestañas en el menú que está debajo de la cabecera. En mi caso, escogí un color crema para todos los "acentos".

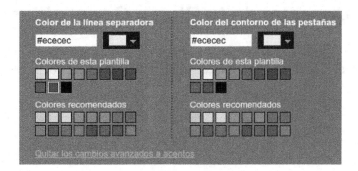

En la sección "Mobile Button Color" puedes configurar el color del botón que se muestra al ver el blog en ciertos dispositivos móviles. En mi caso escogí un color crema.

La sección final, "Agregar CSS", es mas avanzada y requiere conocimiento de CSS (Cascading Style Sheets) para poder manejarla. Por ser un tema muy técnico, no discutiré el mismo en esta guía. No obstante, como puedes ver Blogger ofrece mucho control de la apariencia estética sin necesidad de llegar a utilizar código CSS o HTML.

Una vez termines, pulsa "Aplicar al blog" para guardar los cambios. Sí, lo sé...había dicho que no te lo iba a volver a repetir, pero mejor es que lo escuches una vez mas, a luego tener que lamentarte porque perdiste accidentalmente los cambios que hiciste. Sé que me lo agradecerás.

Finalmente, pulsa sobre el enlace "Volver a Blogger" en la parte superior para regresar al panel de configuración. ¡Listo!

Con eso terminamos esta sección de opciones avanzadas para personalizar tu blog. Ahora, para ir cerrando esta guía, realizaremos un último paso: conectar tu blog a Google+.

Conectando tu Blog a Google Plus

Ubícate nuevamente en el panel de configuración de Blogger. Luego pulsa sobre "Google+" en la columna izquierda.

Al entrar a esta sección, si tu blog no está vinculado a una página o perfil de Google+, verás una notificación diciendo que Google+ está inhabilitado. Justo debajo de la notificación también verás una lista que incluye tu perfil personal y páginas que tengas en Google+.

Para vincular tu blog a tu perfil o una página de Google+ (lo cual recomiendo), pulsa sobre el nombre del perfil o página a la cual deseas vincular tu blog.

Tu configuración de Google+

Al seleccionar un perfil o página, verás que las opciones en pantalla cambiarán a algo similar a esto:

De hecho, si tu blog ya estaba vinculado a un perfil o página de Google+ antes de entrar a esta sección, inicialmente verás estas opciones.

La configuración de las opciones de Google+ para tu blog son muy sencillas. A continuación una descripción de cada una:

- Compartir automáticamente después de publicar: Al marcar esta opción, las entradas que publiques en tu blog se compartirán automáticamente en tu perfil o página de Google+.

- Preguntar si se quiere compartir después de publicar: Si marcas esta opción, al publicar una entrada en tu blog Blogger te preguntará si deseas compartirla en tu perfil o página de Google+. Esta opción contrarresta la opción anterior.

- Usar comentarios de Google+ en este blog: Al marcar esta opción, el sistema de comentarios que provee Blogger para realizar comentarios a las entradas y páginas será reemplazado por el sistema de comentarios de Google+. La ventaja de activar esta opción es que, al compartir la entrada en Google+, los comentarios realizados en el blog también se publican simultáneamente en tu perfil o página de Google+.

En mi caso, marqué las opciones "Preguntar si se quiere compartir después de publicar" y "Usar comentarios de Google+ en este blog".

Si activas la opción de utilizar el sistema de comentarios de Google+, notarás que la herramienta de comentarios de Blogger desaparece del menú en la columna izquierda. Esto es perfectamente normal, ya que al activar los comentarios de Google+ esta herramienta no hace falta; los comentarios de Google se administran utilizando las mismas herramientas integradas de Google+.

Para ver los cambios realizados, visita tu blog y pulsa sobre el título de una de las entradas publicadas. Verás que la sección de comentarios de Blogger ha sido reemplazada por el sistema de comentarios de Google+.

El sistema de comentarios de Google+ ofrece herramientas prácticas para moderar los mismos. Estas herramientas son las mismas que están disponibles en Google+ y se pueden acceder directamente en los comentarios pulsando el pequeño triángulo ubicado justo a lado de los mismos:

Como puedes observar en la imagen, existen opciones para editar comentarios, obtener un enlace para compartir los mismos (vincular), eliminar el comentario y/o desactivar las respuestas futuras a un comentario realizado.

Conclusión

Con esto terminamos esta guía de Blogger. ¡Felicitaciones: Lograste crear tu propio blog! ¿Ves que es fácil?

Ciertamente hay mucho mas que se podría discutir sobre el desarrollo de un blog con Blogger. Pero el objetivo principal de esta guía era iniciarte y ayudarte a crear desde cero un blog utilizando Blogger, y creo que lo hemos logrado. Con el conocimiento que has adquirido en esta guía ahora puedes seguir explorando otras opciones mas avanzadas de Blogger y aprendiendo mas sobre este sistema.

Incluso, si luego de un tiempo usando Blogger sientes que necesitas una plataforma con mas opciones, te recomiendo que explores la posibilidad de adquirir espacio en un servidor compartido, adquirir un dominio propio y moverte a Wordpress. Es lo que uso para mi blog http://angelcandelaria.com. No es gratuito como Blogger, pero es una plataforma muy superior y con mas recursos disponibles. Y lo mejor: Tu blog será tuyo, en una cuenta propia, y tu tendrás completo control del mismo. Blogger provee herramientas para exportar el contenido de tu blog a otras plataformas, así que el mover tu blog a Wordpress no es tarea imposible, si así decidieras hacerlo en un futuro.

Mientras tanto, disfruta tu nuevo blog. Espero que llegues a alcanzar a muchas personas a través de él, y muchos se beneficien del conocimiento y experiencias que estarás compartiendo en tu espacio virtual.

¡Mucho éxito con tu blog!

Ángel Candelaria

Acerca del Autor

Ángel Candelaria es profesor de música, y músico nacido en Arecibo, Puerto Rico. Su preparación académica incluye un Bachillerato en Música (4 años universitarios) con concentración en Educación Musical del Conservatorio de Música de Puerto Rico, y una Maestría en Artes con concentración en Computación Educativa de la Universidad Interamericana de Puerto Rico, Recinto Metropolitano. En la actualidad, Ángel trabaja como profesor de guitarra y cuatro puertorriqueño en la Escuela Especializada Libre de Música de Arecibo, Puerto Rico.

Ángel ha publicado diversos libros en Amazon y otras tiendas en línea, tanto en formato impreso como digital. Algunos de sus libros son: *Teoría de la Música: Nivel 1, Lectura Musical para Guitarra: Nivel 1, Lectura Musical para el Cuatro Puertorriqueño: Nivel 1* e *Introducción a Musescore*.

En adición a su pasión por la música, los blogs y la creación de libros didácticos, Ángel es fanático del Open Source y las tecnologías libres. Actualmente es usuario de Linux (Ubuntu), sistema que utiliza desde el 2007.

CPSIA information can be obtained
at www.ICGtesting.com
Printed in the USA
LVOW03s2232181115
463265LV00007B/56/P